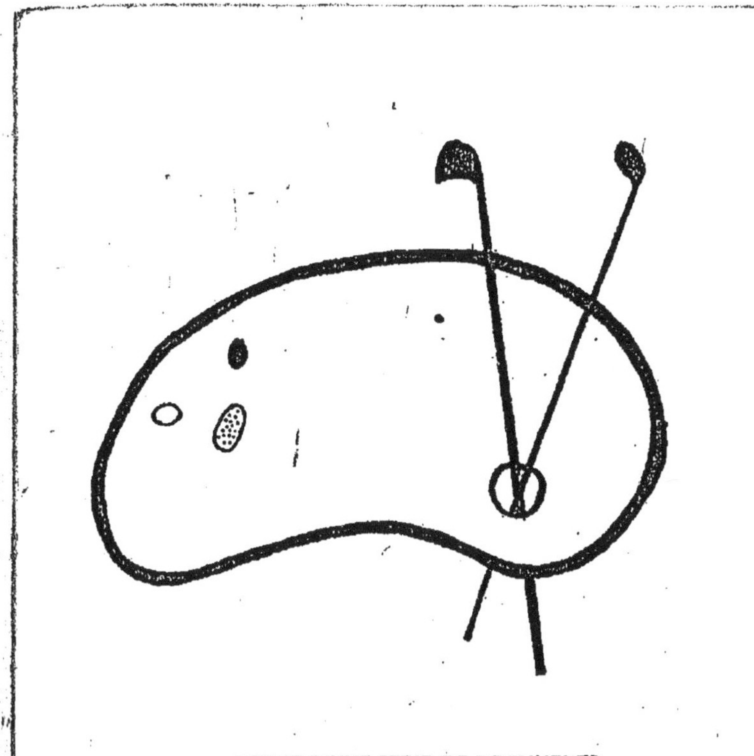

DEBUT D'UNE SERIE DE DOCUMENTS
EN COULEUR

SCIENCE ET RELIGION
Études pour le temps présent

LE SURNATUREL

LEÇONS DONNÉES AU CERCLE DU LUXEMBOURG
(1873-1874)

PAR
M. l'Abbé de BROGLIE

Avec Préface et notes
Par Augustin LARGENT
Chanoine honoraire de Paris

TOME SECOND

PARIS
LIBRAIRIE BLOUD & Cie
4, RUE MADAME ET RUE DE RENNES, 59
1905

SCIENCE ET RELIGION

Études pour le temps présent. — Prix 0 fr. 60 le vol.

1 **Certitudes scientifiques et Certitudes philosophiques,** par A. DE LA BARRE, prof. à l'Institut catholique de Paris... 1 vol.
2 **L'Ame de l'homme,** par J. GUIBERT, supérieur du Séminaire de l'Institut catholique de Paris........ 1 vol.
3 **Faut-il une religion ?** par M. l'abbé GUYOT, ancien professeur de Théologie........ 1 vol.
4 *Du même auteur :* **Pourquoi y a-t-il des hommes qui ne professent aucune religion ?**........ 1 vol.
5 **Nécessité scientifique de l'existence de Dieu,** par Pierre COURBET........ 1 vol.
6 *Du même auteur :* **Jésus-Christ est Dieu**........ 1 vol.
7 8 9 **Etudes sur la Pluralité des mondes habités et le dogme de l'Incarnation,** par le R. P. ORTOLAN, membre de l'Académie de Saint-Raymond de Pennafort et de la Société astronomique de France........ 3 vol.
I. — *L'Epanouissement de la vie organique à travers les Plaines de l'infini*........ 1 vol.
II. — *Soleils et Terres célestes*........ 1 vol.
III. — *Les Humanités astrales et l'Incarnation*........ 1 vol.
Chaque volume se vend séparément.
10 **L'Au-delà ou la Vie future d'après la Foi et la Science,** par M. l'abbé J. LAXENAIRE, de l'Académie de Saint-Thomas d'Aquin, professeur de Théologie........ 1 vol.
11 **Le Mystère de l'Eucharistie. — Aperçu scientifique,** par M. l'abbé CONSTANT, docteur en Théologie........ 1 vol.
12 **L'Eglise catholique et les Protestants,** par G. ROMAIN. 1 vol.
13 **Mahomet et son œuvre,** par I.-L. GONDAL, supérieur du grand séminaire de Toulouse........ 1 vol.
14 15 **Christianisme et Bouddhisme,** par M. l'abbé THOMAS, vicaire général de Verdun........ 2 vol. Prix : 1 fr. 20
16 **Où en est l'Hypnotisme,** son histoire, sa nature et ses dangers, par A. JEANNIARD DU DOT........ 1 vol.
17 *Du même auteur :* **Où en est le Spiritisme,** sa nature et ses dangers........ 1 vol.
18 **L'Apologétique historique au XIXe siècle. — La critique irréligieuse de Renan.** (*Les précurseurs. — La Vie de Jésus. — Les adversaires. — Les résultats*), par l'abbé Ch. DENIS. 1 vol.
19 **Nature et Histoire de la liberté de conscience,** par le chanoine CANET, docteur en philosophie et ès lettres de l'Université de Louvain........ 1 vol.
20 **L'Animal raisonnable et l'Animal tout court,** *Etude de Psychologie comparée,* par C. DE KIRWAN........ 1 vol.
21 **La Conception catholique de l'Enfer,** par L. BRÉMOND, docteur en Théologie........ 1 vol.
22 **L'Eglise russe,** par I.-L. GONDAL........ 1 vol.
23 **La Fausse Science contemporaine et les Mystères d'Outre-tombe,** par le R. P. ORTOLAN........ 1 vol.
24 *Du même auteur :* **Vie et Matière ou Matérialisme et Spiritualisme en présence de la Cristallogénie**........ 1 vol.
25 *Du même auteur :* **Matérialistes et Musiciens**........ 1 vol.
26 **Le Mal,** sa nature, son origine, sa réparation. *Aperçu philosophique et religieux,* par M. l'abbé CONSTANT........ 1 vol.
27 **Dieu auteur de la vie,** par M. l'abbé THOMAS, vicaire général de Verdun........ 1 vol.
28 *Du même auteur :* **La Fin du monde d'après la Foi.** 1 vol.

29 **L'Attitude du catholique devant la science,** par G. FONSEGRIVE ... 1 vol.

30 *Du même auteur :* **Le Catholicisme et la Religion de l'Esprit** ... 1 vol.

31 **Du Doute à la Foi,** le besoin les raisons, les moyens, le devoir, la possibilité de croire, par le R. P. TOURNEBIZE, S. J., avec lettre-préface de M. F. COPPÉE, de l'Académie française ... 1 vol.

32 **La Synagogue moderne,** sa doctrine et son culte, par A.-F. SAUBIN ... 1 vol.

33 **Evolution régulière et Immutabilité de la doctrine religieuse dans l'Eglise,** par M. PRUNIER, supér. du grand séminaire de Séez ... 1 vol.

34 **La Religion spirite,** son dogme, sa morale et ses pratiques, par I. BERTRAND ... 1 vol.

35 **L'Hypnotisme franc et l'Hypnotisme vrai,** par le Docteur HÉLOT ... 1 vol.

36 **Convenance scientifique de l'Incarnation,** par Pierre COURBET ... 1 vol.

37 **L'Eglise et le Travail manuel,** par M. l'abbé SABATIER, du clergé de Paris ... 1 vol.

38 **L'Inquisition,** son rôle religieux, politique et social, par G. ROMAIN ... 1 vol.

39 **L'Hypnotisme et la Science catholique,** par A. JEANNIARD DU DOT ... 1 vol.

40 **Unité de l'espèce humaine,** *prouvée par la similarité des conceptions et des créations de l'homme*, par le marquis DE NADAILLAC ... 1 vol.

41 **Le Socialisme contemporain et la Propriété.** — *Aperçu historique*, par M. Gabriel ARDANT ... 1 vol.

42 **Pourquoi le Roman immoral est-il à la mode et pourquoi le Roman moral n'est-il pas à la mode ?** *Etude sociale et littéraire*, par G. D'AZAMBUJA ... 1 vol.

43 **Opinions du jour sur les peines d'Outre-tombe.** *Feu métaphorique. — Universalisme. — Conditionnalisme. — Mitigations*, par le R. P. TOURNEBIZE, S. J ... 1 vol.

44 **Le Talmud et la Synagogue moderne,** par A. F. SAUBIN. 1 vol.

45 **L'Occultisme ancien et moderne.** — *Les mystères religieux de l'antiquité païenne. — La Kabbale maçonnique. — Magie et Magiciens fin de siècle*, par I. BERTRAND ... 1 vol.

46 47 *L'Evolution est-elle une loi générale de la vie ?* **L'Homme et le Singe,** par le marquis DE NADAILLAC. 2 vol. Prix : 1 fr. 20

48 *L'Ordre de la nature et le Miracle,* **Faits surnaturels et Forces naturelles, chimiques, psychiques, physiques,** par le R. P. DE LA BARRE, S. J ... 1 vol.

49 **Comment se sont formés les Evangiles.** *La Question synoptique. — L'Evangile de saint Jean*, par le P. Th. CALMES, professeur au grand séminaire de Rouen ... 1 vol.

50 **L'Hypnotisme transcendant en face de la philosophie chrétienne,** par A. JEANNIARD DU DOT ... 1 vol.

51 **L'Impôt et les Théologiens.** *Etude philosophique, morale et économique*, par le comte DOMET DE VORGES ... 1 vol.

52 **Nécessité mathématique de l'existence de Dieu.** *Explications. — Opinions. — Démonstration*, par René de CLÉRÉ. 1 vol.

53 **Saint Thomas et la Question juive,** par Simon DEPLOIGE, professeur à l'Université catholique de Louvain ... 1 vol.

54 **Premiers principes de Sociologie catholique,** par l'abbé NAUDET, professeur au Collège libre des sciences sociales. 1 vol.

55-56 **Le Déluge de Noé et les races Prédiluviennes,** par C. de KIRWAN ... 2 vol. Prix : 1 fr. 20

Collection

« LA PENSÉE CHRÉTIENNE »

TEXTES ET ÉTUDES

Volumes grand in-16 à prix variés.

La nouvelle collection que nous entreprenons sous le titre *La Pensée chrétienne* a pour but de mettre à la portée du plus grand nombre possible de lecteurs les parties les plus essentielles de l'Écriture sainte, les principaux monuments de la Tradition et les œuvres particulièrement importantes des auteurs chrétiens.

Le plan de cette collection comporte une traduction partielle de l'Ancien Testament, une traduction intégrale du Nouveau, enfin des Extraits abondants, en langue française, des Pères de l'Église, des Grands Scolastiques et des Maîtres de la pensée chrétienne moderne.

Cette importante publication, facilitant le recours aux textes — qui s'y trouveront présentés sous une forme facilement accessible à tous — est destinée, dans l'esprit de ses fondateurs, à promouvoir l'étude positive du Christianisme spéculatif.

Pour atteindre ce résultat, il a paru que le mieux serait de publier, non des *études* ou *monographies* qui, si objectives soient-elles, montrent toujours œuvres et hommes à travers le prisme d'un cerveau étranger, mais des Extraits copieux. Ces Extraits, traduits et annotés, reliés entre eux par de brèves analyses, précédés, sauf exception justifiée, d'introductions biographiques et bibliographiques, permettront au lecteur d'entendre chacun développer lui-même la synthèse intégrale ou les théories particulières que lui a inspirées sa foi. Cet exposé purement descriptif, où se trouveront étalées, dans leur variété infinie, les splendeurs de la théologie et de la philosophie chrétiennes, suffira, on l'espère, à ruiner le vieux préjugé qui veut que le Christianisme, imposant uniformément à tous les croyants un dogme immuable, opprime les individualités et détruise leur légitime autonomie.

En résumé, la collection *La Pensée chrétienne* (*sur laquelle nous appelons la bienveillante attention* des centaines de mille lecteurs et amis de *SCIENCE ET RELIGION*) formera dans son ensemble, avec ses quatre groupes : **biblique, patristique, scolastique, moderne,** le tableau le plus complet et le plus suggestif de *l'évolution dogmatique* et, plus généralement, de *la vie intellectuelle dans le christianisme à travers les âges.*

Demander le Catalogue de « **La Pensée chrétienne** »

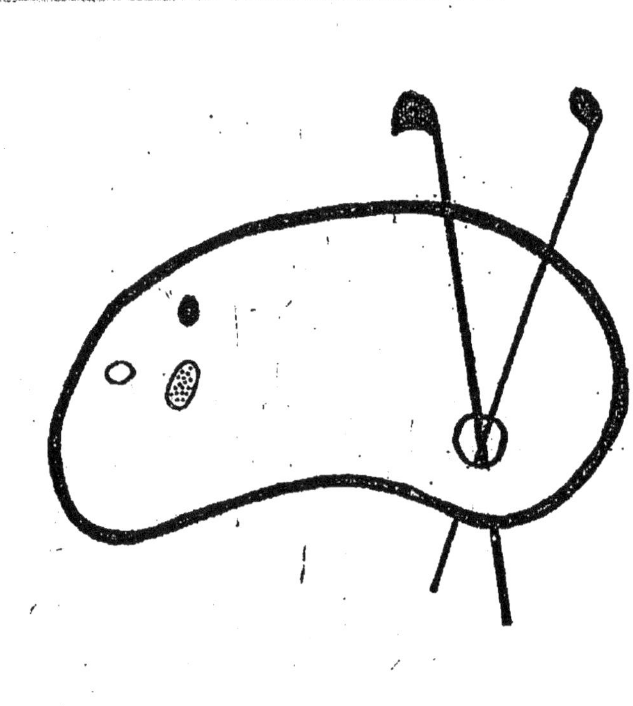

FIN D'UNE SERIE DE DOCUMENTS
EN COULEUR

LE SURNATUREL

SCIENCE ET RELIGION
Etudes pour le temps présent

LE SURNATUREL

LEÇONS DONNÉES AU CERCLE DU LUXEMBOURG
(1873-1874)

PAR

M. l'Abbé de BROGLIE

Avec Préface et notes

Par **Augustin LARGENT**
Chanoine honoraire de Paris

TOME SECOND

PARIS
LIBRAIRIE BLOUD & Cie
4, RUE MADAME ET RUE DE RENNES, 59
1905

LE SURNATUREL

QUATRIÈME LEÇON

LE SURNATUREL ET LES HÉRÉSIES PÉLAGIENNE ET SEMIPÉLAGIENNE.

Messieurs,

En traitant une matière aussi relevée et aussi abstraite que celle qui fait le sujet de ce cours, il est, ce me semble, presque nécessaire de revenir souvent sur ce qui a été dit précédemment, de s'orienter de nouveau dans cet océan si vaste et si inconnu en fixant ses regards sur les points de repère que la révélation et la théologie nous fournissent.

Vous m'excuserez donc, Messieurs, si je résume en quelques mots les résultats auxquels nous sommes parvenus.

L'ordre surnaturel, tel que l'Ecriture Sainte et la tradition nous l'ont livré, nous est apparu avec le caractère étrange et majestueux d'un véritable monde intermédiaire, suspendu entre le fini et l'Infini, entre le Créateur et la créature. Il se rattache sans doute à la nature, il se greffe sur elle ; c'est l'homme, c'est l'être fini, raisonnable, qui est le sujet de ces phénomènes mystérieux, ce sont les facultés naturelles, l'intelligence et la volonté qui, sans perdre leur nature propre, sont modifiées et transformées par la grâce. Mais ce point de jonction des deux ordres est aussi restreint que possible, et on peut comparer ces dons célestes venant d'en haut et tendant en haut, à ces aérostats dont l'air est la résidence et qu'une simple corde relie à la terre.

Le surnaturel est gratuit ; il est étranger à la nature, ἔξωθεν τῆς οὐσίας, c'est un don surajouté, que rien ne prépare, rien ne mérite, et auquel rien n'aspire dans les régions inférieures de la nature créée,

Le seul élément que la nature apporte dans cette union avec la grâce, est cette puissance obédientielle, cette capacité passive et indifférente dont on a peine à concevoir l'existence, et que l'œil subtil de la scolastique a seul su discerner, qui dort inaperçue comme une aile toujours repliée tant qu'un souffle du ciel ne vient pas la déployer.

Tout le reste vient d'en haut, tout le reste est divin, divin dans sa cause, divin dans son terme ; et comme dit l'apôtre saint Jacques : Tout don parfait vient d'en haut et descend du Père des lumières, dans lequel il n'y a ni changement ni ombre de vicissitude.

Le Surnaturel est donc absolument gratuit par rapport à la nature, c'est là son premier caractère qui lui a donné son nom.

Mais à ce caractère déjà merveilleux s'en joint un plus merveilleux encore. Vu pour ainsi dire par son autre face, non plus du côté de la créature, mais du côté de l'Etre Infini, le Surnaturel nous apparaît comme quelque chose de divin. C'est, nous l'avons vu, une adoption réelle, une naissance selon laquelle Dieu est notre vrai Père, une semence divine, une habitation de Dieu dans l'âme, une participation à la nature divine, une divinisation de la créature. L'homme devient Dieu par la grâce (c'est le terme de saint Cyrille), la vision de Dieu face à face transforme la créature à l'image de Dieu. *Similes ei erimus, quia videbimus eum sicuti est.*

Les termes de la tradition sont si forts qu'ils semblent d'un côté attenter à la majesté d'un Dieu jaloux, qui ne donne pas sa gloire à un autre, et d'un autre côté incliner vers le monstrueux excès du panthéisme. Si l'on ne se rappelait pas toujours que ces dons sont dans un sujet créé et sont pour lui des dons gratuits ; si l'on oubliait le caractère singulier de cette puissance obédientielle qui permet à la nature de rester elle-même, tout en s'élevant à une fin supérieure, le divin absorberait l'humain, et les dons surnaturels, retournant à leur source et à leur terme, entraîneraient avec eux la nature pour l'abîmer dans le sein de l'Etre Infini, semblables, pour continuer notre comparaison, à l'aérostat qui, rompant les liens, va se perdre dans les profondeurs du firmament. Mais quand on conserve nettement les notions que nous avons établies, et principalement celle de la gratuité absolue des dons surnaturels, tout danger de panthéisme disparaît, et la créature, du moment qu'elle reconnaît que son élévation ne lui est pas due, peut sans orgueil comme sans péril s'approcher du Créateur.

La nature complète restant elle-même avec ses facultés et sa fin propres ; la grâce se greffant sur la nature pour l'élever à une fin supérieure qui est Dieu possédé et connu dans ce qu'il y a en lui de plus intime, ces deux fins et ces deux ordres absolument distincts, bien que liés l'un à l'autre et hiérarchiquement subordonnés, l'ordre supérieur absolument gratuit par rapport à l'ordre inférieur, la puissance obédientielle étant leur seul lien, tout le reste du surnaturel venant de Dieu, telle est, Messieurs, la théorie que nons avons esquissée dans notre dernière leçon.

Mais cette théorie est-elle vraie, est-elle certaine ? L'imagination n'y joue-t-elle aucun rôle ? Est-ce une hypothèse ou une vérité reposant sur l'autorité de la révélation ? C'est là, Messieurs, ce qu'il nous reste à examiner.

Il ne suffit pas, en effet, d'avoir entrevu, dans les monuments sacrés, les merveilleux contours de ce monde suprasensible ; il ne suffit pas d'avoir encadré ces splendides affirmations dans un réseau philosophique qui semble s'adapter à elles de tout point. Cela suffirait peut-être si nous faisions de la philosophie pure. La philosophie en dehors des vérités élémentaires dont le bon sens est dépositaire, peut bien rarement s'élever, quant à la certitude, au delà d'une hypothèse probable ou d'un système satisfaisant. La théologie, plus riche en certitude, plus riche en vérités, ne se contente pas de si peu ; elle ne repousse pas les systèmes, mais elle distingue avec soin le certain de l'hypothétique, et avance, avec une prudente hardiesse, en assurant chacun de ses pas, vers les sommets ardus de la vérité mystérieuse.

Le point capital de la théorie que nous venons d'exposer, c'est l'absolue gratuité de l'ordre surnaturel. Si ces dons précieux étaient dus à la nature, s'ils rentraient dans le champ de ses attributions normales, tout ce que nous avons dit serait faux. Au contraire, du moment qu'on admet la gratuité absolue de l'ordre surnaturel, on est conduit à établir entre les deux ordres cette profonde distinction jointe à une subordination hiérarchique que nous avons exposée.

Mais cette question : L'ordre surnaturel est-il en dehors des limites de la nature? peut se diviser en plusieurs questions distinctes.

On peut se demander si ces dons de la grâce sont au-dessus de la nature de l'homme dans l'état actuel, après la déchéance ; en second lieu, s'ils sont également au-dessus des limites de la nature innocente et non déchue ; enfin, s'ils sont seulement au-dessus de la nature humaine, ou bien s'ils seraient encore supérieurs à toutes les natures créées ou possibles.

Cette dernière opinion, celle qui élève le surnaturel le plus haut possible, est évidemment la plus conforme à la théorie que nous venons d'esquisser.

Mais pour procéder par ordre, pour donner à chacune de nos assertions le degré de certitude théologique auquel elle a droit, nous commencerons par considérer le surnaturel dans ses rapports avec la nature humaine, dans l'état actuel, puis nous le mettrons en présence de la nature innocente, et enfin nous verrons s'il s'élève au-dessus de tout ce que Dieu peut créer.

La pensée de l'Eglise sur les deux premiers points n'est pas difficile à connaître.

Il existe en effet, sur cette matière, une triple source de lumières qui donne à la doctrine révélée une clarté et une certitude remarquables.

Deux grands courants d'hérésies en sens inverse, l'un dans les premiers siècles de l'Eglise, l'autre dans des temps plus modernes, ont été la cause de deux séries correspondantes d'affirmations dogmatiques. Entre ces deux époques de discussion, se place le lent et pacifique développement de la théologie scolastique.

De saint Paul à saint Augustin, de l'origine de l'Eglise à la fin du semipélagianisme, la tendance de l'erreur est d'affaiblir la distinction entre la grâce et la nature déchue, de conserver à cette nature quelques moyens de mériter ou d'acquérir par elle-même les dons surnaturels. L'Eglise répond à cette erreur par des affirmations de plus en plus précises de l'incapacité où est la nature de s'élever à l'ordre supérieur de la grâce.

Huit siècles plus tard, les discussions assoupies se raniment, et une nouvelle succession d'erreurs commence. Elle dure du XVIe au XVIIIe siècle, et les derniers échos de la discussion retentissaient encore au commencement de l'orage qui bouleverse l'Eglise en 1789.

La tendance des nouvelles erreurs, à l'inverse de celle des anciennes, était d'abaisser, d'écraser outre mesure la nature déchue, mais par une réaction nécessaire et logique, les hérétiques accordent à la nature innocente ce qu'ils refusent à la nature déchue, et confondent l'ordre surnaturel avec l'état naturel de l'homme s'il n'avait pas péché. Ils font ainsi de la gratuité du surnaturel, non une idée fondamentale tenant à l'essence même de la grâce, mais un simple accident résultant du péché d'Adam.

La condamnation de ces nouvelles erreurs viendra affermir et consolider la thèse que nous soutenons.

Indiquons brièvement les divers incidents de ces deux grandes luttes, et les décisions qui en ont été le résultat.

La première controverse sur la grâce commença à l'origine même du Christianisme. Elle eut pour cause principale l'orgueil des Juifs convertis qui, fiers d'être les aînés dans l'ordre des promesses divines, s'attribuaient à eux-mêmes, à leurs propres mérites, à ceux de leurs pères, à leur pratique exacte de la loi de Moïse, la vocation à l'ordre surnaturel. Ils prétendaient être chrétiens par droit et n'admettre les Gentils dans l'Eglise que par grâce. Les païens convertis, de leur côté, trouvaient une réponse facile aux prétentions du peuple choisi de Dieu. Ils montraient aux Juifs, dans leurs propres prophètes, les reproches sanglants faits à leur infidélité, les châtiments qui en ont été la vengeance; puis, poussés par le même orgueil que leurs adversaires, ils se vantaient de la sagesse de leurs philosophes, ils exaltaient les vertus des vieux Romains, et se prétendaient à leur tour dignes des dons surnaturels.

C'était donc, de part et d'autre, la négation de la gratuité des dons de Dieu. C'était la nature voulant s'élever elle-même par ses propres forces jusqu'à la possession des dons de la grâce. Saint Paul eut pour mission de combattre cette hérésie qui détruisait le Christianisme par sa base.

Il le fit en attribuant la vocation du peuple Juif d'abord, puis celle des Gentils, au libre choix de Dieu, en montrant que la loi de Moïse, objet de l'orgueil des Juifs, était postérieure à une promesse gratuite faite à Abraham. Il refuse toute force justifiante tant à l'accomplissement de la loi de Moïse, accomplissement toujours imparfait et qui d'ailleurs n'était que figuratif, qu'aux prétendues vertus des païens dont il montre la vanité. Pour lui, la foi est la source de tous les dons célestes, et cette foi elle-même est un don de Dieu. La justification qui n'est autre chose que le passage de l'état de péché à l'état surnaturel, est partout indiquée comme un don de la libéralité de Dieu, qu'il accorde à qui il veut, et qu'il peut refuser à qui il veut.

« *Justificati gratis per gratiam ipsius, per redemptionem quæ est in Christo Jesu* ».

« *Ex operibus legis non justificabitur omnis caro coram illo* (1) ».

« *Non est volentis neque currentis sed miserentis est Dei* ».

« *Gratis enim salvati estis per fidem, et hoc non ex vobis, ut ne quis glorietur* ».

« *Cujus vult miseretur et quem vult indurat* (2) ».

Ce dernier passage, que la théologie est obligée d'adoucir en entendant l'endurcissement d'un simple retrait de grâces, est aussi clair que possible pour établir notre thèse.

Saint Paul du reste ne faisait que répéter et commenter les paroles mêmes de Jésus-Christ :

« *Nemo potest venire ad me, nisi Pater meus traxerit eum* ».

« *Sine me nihil potestis facere* (3) ».

Rien de plus clair, rien de plus net que ces affirmations. L'ordre surnaturel tout entier dépasse les forces

(1) Rom. III, 24, 20.
(2) Rom. IX, 16 ; Eph. II, 8.
(3) Joan, XV, 5.

et les droits de la nature. Son commencement même, qui est la foi, est l'œuvre d'une action spéciale de Dieu. Le fidèle ne peut se glorifier de rien parce qu'il a tout reçu. *Quid habes quod non accepisti?*

Telle fut la première controverse sur la grâce.

L'orgueilleuse doctrine qui prétendait fonder le salut de l'homme sur ses propres forces, terrassée par ce puissant athlète, ne se releva pas de longtemps dans l'Eglise. L'œuvre merveilleuse de la conversion du monde païen était d'ailleurs une manifestation trop éclatante de la puissance créatrice de la grâce divine, et les rigueurs de la persécution faisaient trop vivement sentir le besoin absolu du secours de Dieu, pour que le pélagianisme pût naître à cette époque. Ce furent au contraire les exagérations de la doctrine de la grâce aux dépens du libre arbitre et même de la morale qui se manifestèrent en ce temps, et contre lesquelles les Pères de l'Eglise eurent à lutter. On voit déjà à cette époque le salut attribué à la grâce seule, sans concours de l'homme et sans bonnes œuvres, et Luther n'a fait sur ce point que renouveler les erreurs de Simon le Magicien et de Manès.

C'est à la fin du IVe siècle, quand l'Eglise put jouir, sous les empereurs chrétiens, d'une paix relative, ou plutôt quand les troubles intérieurs des hérésies succédèrent aux persécutions, que la doctrine combattue par Saint Paul trouva un nouveau et puissant défenseur.

Pélage qui devait laisser dans l'avenir son nom à l'orgueilleux système qui veut affranchir le chrétien de la grâce divine, semble avoir été un esprit hardi et doué d'une grande puissance logique. Son système fut dans l'Église chrétienne la première apparition d'un rationalisme complet. Il niait à la fois l'existence du péché originel et la nécessité de la grâce. Il niait même l'efficacité de la rédemption, et ne voyait en Jésus-Christ qu'un modèle et un législateur. Il ne voulait admettre d'autre secours divin que le secours extérieur de l'Evangile et de l'enseignement chrétien.

Un tel système était trop contraire à la tradition pour ne pas soulever, dès son apparition, une vive opposition. C'est ce qui arriva en effet, et ce ne fut qu'à force de subtilités, de détours et de demi désaveux, que Pélage put soutenir la lutte. C'est à déjouer ces ruses, c'est à saisir dans la versatile mobilité du langage de l'hérésiarque l'erreur pernicieuse qui cherchait à envahir l'Eglise que furent employés le zèle ardent, la puissante éloquence, et le subtil génie philosophique de celui qui a mérité le nom de Docteur de la grâce.

Cette controverse du reste ne pénétra que peu dans les masses populaires, elle fut concentrée dans le clergé et chez les savants et ne fut pas de longue durée.

Les Conciles de Milève et de Carthage, ratifiés par les Papes Innocent Ier et Zosime, le concile de Jérusalem réuni sans l'impulsion de saint Jérôme, et le Concile général d'Ephèse arrêtèrent par leurs condamnations répétées les progrès de l'hérésie, et affirmèrent l'absolue nécessité de la grâce divine. Nous n'en citerons qu'un seul texte tiré du Concile de Milève, Canon 5.

« Si quelqu'un dit que la grâce de la justification nous est donnée afin de faire plus aisément ce que nous pourrions faire par le libre arbitre, de telle sorte que sans la grâce nous pourrions, quoique plus difficilement, accomplir la loi divine, qu'il soit anathème. »

Et le Concile donne pour raison les paroles mêmes de Notre Seigneur qui n'a pas dit : Sans moi vous pouvez faire le bien plus difficilement, mais : sans moi vous ne pouvez rien faire.

Si l'hérésie pélagienne était toujours restée sur le terrain qu'avait choisi son auteur, il est probable qu'elle n'aurait été qu'un orage passager après lequel la paix doctrinale se serait rétablie. Mais l'erreur subit dans les derniers temps une modification qui la rendit plus dangereuse. L'auteur de ce changement fut Julien d'Eclane, l'un des plus ardents et des plus habiles adeptes de Pélage. Julien concéda aux catholiques le point qui paraissait à leurs yeux le plus évident, la nécessité absolue de la grâce ; mais il soutint que ce secours indispensable était accordé en raison des mérites antérieurs de l'homme.

Il fut ainsi le premier fondateur du semipélagianisme, erreur nouvelle dirigée, non plus contre l'existence et la nécessité de la grâce, mais contre sa gratuité. Dans ce système l'ordre surnaturel pourrait être considéré comme distinct de l'ordre naturel, mais avec une distinction bien moins profonde que celle que nous avons indiquée.

La nature commencerait, la grâce achèverait. Ce serait la nature qui frapperait à la porte, et la grâce qui ouvrirait.

Une fois placée sur ce nouveau terrain, l'erreur trouvait à sa portée de nouveaux et puissants arguments. Elle pouvait s'appuyer sur de nombreux textes des Pères qui, luttant contre les doctrines fatalistes des Manichéens, ne cessaient d'encourager les chrétiens à résister au mal, leur assurant que le secours de Dieu serait accordé à leurs prières.

Ils pouvaient aussi tirer un grand secours pour leur doctrine du terrible et poignant mystère de la distribution de la grâce qui pèse sur le christianisme, et que Saint Paul avait déjà signalé parmi les objections qui lui étaient faites.

Ce don gratuit en effet, ce don auquel nous n'avons aucun droit, et que Dieu ne nous donne que par un acte de bon plaisir (c'est en cela que consiste la gratuité du surnaturel), ce don que notre nature n'a pas droit d'exiger, il est en même temps dans l'enseignement catholique nécessaire pour le salut.

Dieu donne la grâce à qu'il veut, et cependant sans la grâce point de salut.

Comment faire accepter à l'homme qu'il n'ait pas droit à un bien sans lequel il est inévitablement condamné à l'enfer?

On répond qu'il ne souffrira qu'en raison de ses péchés et par sa faute ; mais si cette faute est inévitable, si vu la violence de ses passions, il est moralement impossible qu'il ne leur cède pas, et s'il n'y a pour lui, supposé qu'il ne reçoive pas le don gratuit de la foi, aucun espoir de pardon, quel accablant mystère !

Et s'il s'agit de ceux dont la faute n'a pas été personnelle, les enfants morts sans baptême, quelle nouvelle source d'étonnement et de crainte !

Hâtons-nous de le dire, Messieurs, il existe dans la doctrine catholique des tempéraments qui rendent cette doctrine moins rude et moins révoltante qu'elle ne le semble au premier abord.

Tout en admettant que rigoureusement Dieu a le droit de refuser sa grâce à l'homme, la théologie moderne enseigne généralement qu'en fait, dans sa miséricordieuse bonté, Dieu accorde à tous les hommes, même aux infidèles, même aux pécheurs endurcis, des grâces très inégales, mais toujours amplement suffisantes, et que ceux-là seulement se perdent qui refusent obstinément de répondre aux appels de l'amour divin.

Et quant aux enfants morts sans baptême, tout en considérant leur sort comme un malheur et un état de condamnation, il est permis d'adopter sur leur état des opinions plus douces que celles qui régnaient du temps de saint Augustin.

Ces tempéraments, sur lesquels nous aurons à revenir dans une autre partie de ce cours, sont sans doute un réel soulagement pour la conscience, la sensibilité et même la raison ; ils ne résolvent cependant pas le nœud du mystère. Ils nous font espérer que Dieu n'usera pas de la rigueur de son droit, mais ils n'empêchent pas que ce droit ne nous paraisse terrible et exorbitant, et nous n'avons d'autre ressource que de nous écrier avec Saint Paul. « *O homo tu quis es qui respondeas Deo ?* »

« *Numquid dicit figmentum ei qui se finxit : Quid me fiecisti sic ?* »

Mais de plus, il est bon de le remarquer, ces tempéraments de la doctrine étaient peu connus ou peu remarqués au temps de la querelle du semipélagianisme. Le dogme apparaissait alors plutôt avec les forts linéaments de sa charpente qu'avec les contours plus doux que la théologie a discernés depuis.

Saint Augustin en particulier, et cela paraît étrange dans un homme dont l'âme était si tendre, l'esprit si ouvert, et qui connaissait par expérience les difficultés qui rendent l'accès du christianisme si difficile à certaines âmes dévoyées, saint Augustin, loin de chercher à présenter la doctrine révélée sous son aspect le moins choquant, semble au contraire s'être attaché à l'accentuer dans ce qu'elle a de plus rude et de plus humiliant pour la raison humaine. On peut même dire, en s'appuyant sur un texte du pape saint Célestin (1) que dans ces matières

(1) « Profundiores vero difficilioresque partes incurrentium quœstionum quas latius tractaverunt qui hœreticis restiterunt, sicut non audemus contemnere, *ita non necesse habemus*

ardues, il s'est laissé entraîner à quelque exagération de langage.

On comprend alors, que Julien ait eu beau jeu pour argumenter contre lui, pour l'accuser de faire de Dieu un tyran, et d'encourager la paresse dans l'homme en restreignant la part de sa liberté.

Néanmoins, de la part d'un ami et d'un adepte connu de Pélage, comme l'était Julien, ces obcjetions ne pouvaient pas avoir un grand écho dans le monde catholique. Malheureusement, vers la fin de la vie de saint Augustin, l'erreur recruta de nouveaux partisans, dont l'autorité était bien plus grande et l'influence bien plus puissante.

Il y avait en ce temps, sur les bords de la Méditerranée, deux colonies pieuses et savantes qui étaient à la tête du mouvement intellectuel de la Gaule chrétienne. C'étaient les monastères de Saint-Victor et de Lérins, renommés pour la vertu et la science de leurs habitants. Lérins, nous dit saint Eucher, l'ile aux serpents, devenue par le travail des solitaires féconde et parfumée.

Là vivaient des hommes d'une sainteté irréprochable, que leurs tendances d'esprit portaient à chercher dans les dogmes chrétiens le côté le plus doux, le plus accessible à la raison, qui aimaient mieux voir Dieu justifié dans ses

astruere », écrivait, vers 431, le Pape Saint Célestin Ier aux évêques des Gaules. Ces paroles de son prédécesseur, Innocent XII les redisait en 1694 à l'Université de Louvain, affirmant ainsi la liberté que, sur ce point comme sur bien d'autres, le Saint-Siège laisse aux écoles théologiques (A. L.).

œuvres que de se laisser écraser par sa souveraineté. Parmi ces hommes, l'Église a compté de grandes lumières. Plusieurs d'entre eux, malgré les doutes qui sont élevés sur leur orthodoxie, ont été vénérés après leur mort, et depuis l'auréole de la sainteté flotta longtemps sans se fixer, autour de la tête de Vincent de Lérins, de Cassien et même de Fauste de Riez (1).

Ce furent, dit-on, les écrits de Saint Augustin, mal interprétés et entendus dans un sens exagéré, qui poussèrent les prêtres de Marseille, comme on les appelait, dans le sens de l'hérésie semi-pélagienne. Quels furent ceux qui la soutinrent et avec quel degré d'opiniâtreté? Le manque de documents ne permet pas de le savoir avec certitude : Fauste de Riez semble avoir été le chef de la secte, Gennade, Cassien furent assez compromis; quant à Vincent de Lérins, il y a controverse à son sujet. Quoiqu'il en soit, il y eut une lutte fort longue; (elle dura un siècle entier et ne finit qu'au Concile d'Orange en 530), lutte dont saint Augustin mourant ne vit que le commencement, et dans laquelle les défenseurs de l'orthodoxie, saint Prosper, saint Fulgence, eurent d'autant plus de peine à triompher

(1) Cette auréole s'est fixée sur les fronts d'Hilaire d'Arles et de Vincent de Lérins. « *Siquidem, etsi viros illos semipelagianismi errore tactos concederemus* », dit Benoit XIV (*Litter. Apost. De nova Martyrologii romani éditione*, XXXI) «... *excusandi tamen, si quid humani hac in parte illis exciderit; nondum enim catholica doctrina supremo apostolicæ Sedis judicio fuerat definita...* » (A. L).

que la vertu, la modération et la science de leurs adversaires donnait plus de crédit à leurs opinions.

Les résultats de cette lutte ont donc pour nous une capitale importance. Nous y verrons d'abord la fermeté de l'Eglise, qui même en face des adversaires les mieux intentionnés, ne transige jamais sur la doctrine, qui même (remarque importante) est toujours disposée à accuser et à accentuer ses dogmes, quand ils sont attaqués, et réserve pour une époque de paix, les températures qui pourraient provenir d'une plus parfaite intelligence de la vérité révélée. Nous verrons l'Eglise comme on la voit dans toute son histoire, ferme, inébranlable, dure même en apparence, ne cédant rien au génie, ni même à la vertu et à la bonne foi, pleine d'amour, pour les âmes, mais les laissant néanmoins s'éloigner plutôt que de sacrifier un seul iota de la loi, ne subissant de condition de personne, et exigeant que l'humble soumission à l'autorité précède la lumière qui pourrait résulter d'une science plus approfondie.

Nous y trouverons enfin ce que nous cherchons, c'est-à-dire la claire définition de l'absolue gratuité de l'ordre surnaturel.

Voici le résumé de la doctrine du Concile d'Orange. « Anathème à ceux qui disent que la grâce est accordée à la prière de l'homme, sans dire en même temps que c'est la grâce qui nous fait prier.

Anathème à ceux qui disent que Dieu attend notre

bonne volonté pour nous justifier, sans admettre qu'il produit cette bonne volonté.

Aimer Dieu, c'est déjà un don de Dieu.

Dieu fait dans l'homme beaucoup de choses auxquelles l'homme ne coopère pas, mais l'homme ne fait aucun bien si Dieu ne lui a donné de le faire.

Une récompense est due aux bonnes œuvres, quand elles existent ; mais pour qu'elles existent, il faut auparavant une grâce que rien ne mérite. »

Vous voyez, Messieurs, avec quelle clarté le Concile affirme la gratuité absolue de l'ordre surnaturel tout entier. Depuis la première pensée, depuis le premier soupir de l'âme jusqu'à la récompense céleste, tout vient de la grâce. Il faut qu'elle commence, qu'elle prévienne. La nature ne peut que lui obéir ou lui résister quand elle est venue, elle ne peut ni la prévenir ni l'appeler. Elle se comporte donc d'une manière absolument passive, et ainsi ce que nous avons dit sur la puissance obédientielle se trouve pleinement vérifié.

Il nous reste à voir quelle est la raison de cette incapacité de la nature à s'élever à l'ordre supérieur de la grâce Est-ce uniquement parce qu'elle a été écrasée par la chute d'Adam et qu'elle est accidentellement éloignée du ciel ; ou est-ce parce que la grâce et son terme, la vision divine, sont tellement élevés en eux-mêmes que la nature même bonne et innocente ne pourrait les atteindre par ses propres forces ?

C'est ce que nous verrons dans notre prochaine leçon.

C'est là que nous admirerons les harmonies de la doctrine catholique, et que nous verrons que, pareille à la lance d'Achille qui guérissait après avoir blessé, elle sait relever et exalter la nature en proportion de l'abaissement qu'elle lui impose en face des dons admirables de la grâce.

CINQUIÈME LEÇON

LE SURNATUREL CONSIDÉRÉ DANS L'ENSEIGNEMENT SCOLASTIQUE ET EN PRÉSENCE DES HÉRÉSIES MODERNES

Nous continuons, Messieurs, l'étude que nous avons entreprise dans notre dernière leçon. Après avoir esquissé la théorie métaphysique du surnaturel, après avoir reconnu l'existence de cette vie supérieure, surajoutée à l'essence de l'homme sans la changer, nous avons constaté que le point capital de cette théorie était la parfaite gratuité de l'ordre surnaturel. Si la nature avait droit à ces dons si précieux, si elle pouvait les acquérir par ses propres forces, si elle en avait besoin pour obtenir sa fin, il n'y aurait plus, en réalité, d'ordre surnaturel. Il ne pourrait y avoir que des secours exceptionnels de Dieu destinés à perfectionner l'ordre naturel, mais la distinction des deux ordres disparaîtrait.

Nous avons entrepris de vérifier par l'étude du dogme catholique, que cette gratuité de l'ordre surnaturel doit être rangée au nombre des vérités révélées.

Un premier point a été clairement démontré dans notre dernière leçon. Nous avons vu l'Eglise se prononcer de la manière la plus formelle au sujet de l'incapacité radicale de la nature humaine telle qu'elle existe aujourd'hui, de s'élever à l'ordre surnaturel par ses propres forces. Ce n'est pas seulement le hautain rationalisme de Pélage, c'est la doctrine mitigée des solitaires de Lérins, de cette aimable et docte école qui semblait surtout occupée à rendre le christianisme accessible aux esprits incertains, sur laquelle les anathèmes répétés de l'Eglise tombèrent sans hésitation et sans ménagement. Les Conciles de Milève et d'Orange ne cessèrent de poursuivre jusque dans ses derniers replis la prétention, non pas d'acquérir la grâce par ses propres forces, mais de se préparer par ses propres forces à la recevoir, de la désirer, de la demander. Ils ont prononcé que la grâce était absolument prévenante, qu'il fallait qu'elle vînt la première frapper à la porte du cœur de l'homme.

Après cette décision, il semble que la question soit tranchée, et que la gratuité absolue du surnaturel soit démontrée. Néanmoins il y avait autour du dogme défini à Milève et à Orange place pour de nouvelles et bien longues controverses.

Les décisions de l'Eglise n'atteignaient qu'un des côtés de la question. Elles affirmaient l'incapacité radicale de la nature à atteindre les dons surnaturels. Mais elles n'indiquaient pas le motif de cette incapacité.

Provient-elle d'une supériorité intrinsèque de la

grâce par rapport à la nature de l'homme? Ou vient-elle simplement de la dégradation de la nature humaine par le péché d'Adam?

En d'autres termes, ce qui est grâce pour nous serait-il encore grâce si nous n'avions reçu la funeste blessure du jardin d'Eden?

Ce qui est grâce pour nous était-il grâce pour Adam?

On conçoit l'importance de cette question et les graves conséquences qui résultent de l'une ou l'autre manière d'expliquer la distinction actuelle de la grâce et de la nature.

Si l'on admet que la grâce est au-dessus de la nature d'une manière absolue, et aussi bien avant qu'après la chute, on reste libre, tout en croyant que le péché originel a entièrement dépouillé l'homme des dons surnaturels, de penser, avec les docteurs du Moyen Age, que tout ce qui constitue son essence a été conservé, *integra mansisse naturalia.*

On n'est nullement obligé de supposer que l'ordre supérieur, en s'écroulant, a entièrement ruiné l'ordre inférieur.

La conscience, il est vrai, et l'expérience nous prouvent que, même dans l'ordre naturel, nous sommes loin de ce que nous devons être ; que notre raison, capable de connaître Dieu, est bien vacillante et bien obscurcie, que notre volonté, capable d'aimer le bien, a de terribles défaillances.

Mais, dans le système que nous adoptons, la foi, en nous expliquant par le dogme du péché originel cet affaiblissement de nos forces, ne nous oblige nullement à l'exagérer. Tout ce qu'elle nous dit, c'est que nous avons perdu la grâce et que ce dépouillement des dons gratuits a blessé notre nature : *Spoliatus gratuitis, vulneratus in naturalibus*, dit Boèce. Quant à la mesure de cette blessure, la foi nous laisse libres d'en juger d'après l'expérience.

Au contraire, si l'on admet, avec Luther et Baïus, que les dons qui constituent pour nous l'ordre surnaturel, faisaient partie de la nature même d'Adam, alors on est forcé de croire qu'une partie de la nature du premier homme lui a été radicalement arrachée. L'homme déchu est donc, quant à l'âme, semblable à un homme qui a subi une amputation. C'est une portion de lui-même, c'est ce qu'il y a de meilleur dans son essence, qui lui a été enlevé. De là une tendance nécessaire à exagérer les effets du péché originel, à écraser outre mesure la nature déchue, à faire de l'homme, tel qu'il existe de nos jours, non seulement un être dépouillé de la grâce, mais un être radicalement et absolument mauvais. De là l'identification absolue du bien avec la grâce et du mal avec la nature. De là suivrait, si cette doctrine était vraie, une obligation pour le chrétien, au nom de la foi, de se considérer, et, ce qui est plus grave, de considérer ses frères, comme plus mauvais, plus corrompus qu'ils ne paraissent aux yeux de l'expérience, de déprécier toutes les vertus humaines. Ce serait, contrairement à l'Evangile, éteindre le lumignon qui fume encore.

Si du moins cet abaissement exagéré de la nature déchue profitait à la grâce et en faisait mieux comprendre l'excellence! Mais, tout au contraire, en voulant identifier la grâce avec la nature primitive de l'homme, on est obligé par cela même d'abaisser ces dons précieux. On les fait rentrer de force dans le cercle des choses créées au lieu de les laisser librement s'élever vers l'infini.

Rappelez-vous, Messieurs, la belle parole des Pères que nous avons citée dans nos leçons précédentes, cette divinisation de la créature, cette participation à la nature divine, cette similitude avec Dieu. Considérés comme des grâces, ces dons divins peuvent conserver leurs noms merveilleux. Voulez-vous, au contraire, en faire l'apanage d'une nature créée, alors il faut effacer ce beau langage sous peine de le voir dégénérer en blasphème.

Prenez par exemple ce titre de l'homme revêtu de la grâce qui lui est donné par saint Cyrille. Θεός κατὰ χάριν, Dieu par grâce. Essayez d'appliquer à ce terme le système de Baïus : si ce qui est grâce pour l'homme déchu est nature pour l'homme innocent, il faudra dire que le premier est θεός κατὰ χάριν, Dieu par grâce, et que le second était Θεός κατὰ φύσιν, Dieu par nature. Ces derniers mots seraient l'identification réelle de l'homme avec Dieu, c'est-à-dire précisément l'orgueilleuse prétention de Lucifer.

Ainsi, vous le voyez clairement, la grâce n'est pas moins abaissée que la nature dans l'étroit système des hérétiques modernes. La doctrine catholique au contraire en plaçant tout d'abord la grâce bien au-dessus de la portée et des conditions de la nature humaine tout entière, en la mettant à sa vraie place entre Dieu et la créature, entre le fini et l'infini, relève d'autant plus l'ordre surnaturel qu'elle respecte davantage l'ordre naturel. Dire à l'homme qu'il est mauvais sans la grâce, c'est quelque chose, mais admettre qu'il peut avoir une certaine bonté en ajoutant que cette bonté même n'est rien à côté de celle que Dieu accorde à ses fidèles, et qu'il exige pour leur ouvrir le ciel, c'est relever bien davantage ces dons précieux.

Néanmoins, Messieurs, cette doctrine capitale dont la négation anéantit la vraie notion du surnaturel, qui, comme vous l'avez vu, est la seule conciliable avec l'admirable langage des Pères de l'Eglise, n'a été affirmée d'une manière officielle par l'Eglise que dans les temps modernes.

On peut, je crois, assigner deux raisons de cette lenteur de l'Eglise à prononcer sur une question si importante.

D'abord, cette doctrine, bien qu'essentielle à cause de ses conséquences, n'était pas, considérée isolément, d'une application pratique. Il importe à l'homme déchu de savoir dans quelle situation il se trouve par rapport à la grâce. Savoir dans quelle situation se trouvait Adam est d'une bien moindre importance. Cet état du premier homme est un état passé qui ne doit pas revenir ; ignorer sa nature n'est pas une erreur qui puisse influer sur notre vie. On conçoit dès lors que les théologiens seuls se soient occupés de cette question.

Une seconde raison qui contribuait à rendre cette doctrine moins explicite dès l'origine, c'est sa jonction nécessaire avec une autre doctrine qui la cache et la dissimule pour ainsi dire.

La grâce donnée à Adam était une vraie grâce, elle était gratuite, elle était un don surajouté à la nature. Dieu aurait pu ne pas la lui accorder. — Créé sans cette grâce, le premier homme n'aurait pas eu le droit de réclamer ; il aurait possédé toutes les facultés que comportait son essence, tous les moyens nécessaires pour atteindre sa fin naturelle.

Telle est, Messieurs, la vérité que nous voulons établir et qui fait partie de l'enseignement catholique. Mais, d'un autre côté, les dons gratuits ont été accordés à Adam dès l'origine sinon au moment même de la création, du moins aussitôt après (1).

Ils lui ont été accordés pour lui et pour tous ses des-

(1) Adam a t-il été créé dans la grâce ou revêtu de la grâce après la création? C'est une question controversée peu importante en elle-même ; le Concile de Trente n'a pas voulu la trancher.

cendants. Il a été appelé, lui et ses descendants, à une fin surnaturelle.

Or, Messieurs, vous comprendrez combien il est facile de confondre des dons accordés dès l'origine d'une manière aussi générale, avec de véritables dons naturels, et une fin à laquelle un décret divin appelle tous les enfants d'Adam sans exception, avec la fin naturelle de l'humanité.

Ajoutons que cet ordre surnaturel ne pouvant plus, une fois établi, être détruit que par l'accident du péché, on est conduit à penser que son absence est un désordre en soi, et que le véritable ordre ne pourrait jamais exister en dehors de la grâce. Ainsi le caractère général et primitif du décret divin qui accorde la grâce à l'humanité tout entière en Adam, semble contredire ou plutôt dissimuler le caractère gratuit de ce même décret. Toute grâce est un privilège; et une faveur accordée à tous et un privilège semblent choses contradictoires.

Il vous sera facile néanmoins, Messieurs, de dissiper cette équivoque qui a été, à l'époque du Jansénisme, la cause des plus grandes erreurs. Autre chose en effet est une loi générale, librement voulue par Dieu, autre chose est une loi nécessaire. Autre chose est un don surajouté par la libéralité divine avec la condition qu'il ne pourra être enlevé que par le péché, autre chose un don essentiel à l'homme, sans lequel il ne serait plus qu'un être monstrueux et tronqué. Autre chose est ce qui est dû à la nature en vertu d'un ordre librement établi de Dieu, autre chose ce qui lui est dû en vertu de son essence même.

Dieu pouvait créer l'homme sans la grâce. Cette privation n'aurait pas été un désordre et n'aurait pas eu besoin d'explication, elle aurait été l'effet de la libre volonté de Dieu.

Mais en réalité, Dieu a créé l'homme avec la grâce, et a décidé qu'il ne pourrait en être privé que par le péché. Dès lors, cette privation, contraire à la volonté divine qui appelle tous les hommes à un état surnaturel, devient un désordre.

En d'autres termes, la nature aurait pu exister seule. Dieu l'a mariée à la grâce sans lui permettre le divorce. Dès lors, elles ne peuvent plus être séparées sans une violation de l'ordre institué par le Créateur.

La plupart des Pères, des docteurs et des théologiens, se plaçant naturellement dans la situation historique et réelle, considéraient la grâce comme l'apanage de l'humanité entière, et la privation de la grâce comme un malheur et un désordre. De là à conclure que la grâce faisait partie de l'essence de la nature humaine, il y avait un pas bien aisé à franchir (1).

(1) La confusion entre la situation réelle et historique de l'humanité, et l'ordre nécessaire et absolu des relations entre la nature et la grâce paraît être la cause principale de l'erreur de Baïus, et de l'interprétation fausse, quoique en apparence plausible, qu'il donne de certains mots de saint Augustin.

Ce pas néanmoins, Messieurs, n'a pas été franchi par les docteurs orthodoxes. Saint Augustin en particulier, bien que la controverse spéciale qu'il avait avec Pélage dût le porter à se placer toujours dans l'ordre historique, à montrer la grandeur des effets du péché originel, à insister sur le désordre produit par la chute d'Adam ; saint Augustin, dont les hérétiques modernes ont tant abusé, montre bien clairement, dans certains passages, qu'à ses yeux l'état surnaturel était gratuit. Il reconnaît que l'homme eût pu être créé dans la concupiscence et l'ignorance dont, avec l'aide de Dieu, il se fût délivré.... « *Non enim mediocria bona sunt... quod facultatem habet ut adjuvante creatore seipsam excolat* (anima), *et pio studio possit omnes adquirere et capere virtutes per quas et a difficultate cruciante et ab ignorantia cæcante liberetur* ». Saint Augustin s'exprimait ainsi dans son *De libero arbitrio* (1), écrit quelques années après sa conversion ; dans ses *Rétractations*, œuvre de sa vieillesse, il répète la même doctrine. « Lors même dit-il, que l'ignorance et la concupiscence eussent été naturelles aux débuts de l'humanité, il ne faudrait pas accuser Dieu, il faudrait le louer encore (2). » Cet enseignement sur la distinction des deux ordres, la Scolastique l'a repris pour le préciser et le compléter.

Une question se présente ici. Faut-il mettre la doctrine de l'Ecole sous la garantie de l'infaillibilité de

(1) Lib. III, c. xx, n. 56.

(2) *Retract.* lib. I, cap. ix, n. 6.

l'Eglise, ou ne voir dans l'ensemble de ses travaux qu'une œuvre humaine qu'on est libre d'accepter ou de rejeter, et qui n'a d'autre autorité que la valeur extrinsèque de ses preuves ?

Ce n'est point notre sujet de discuter ici cette grave question.

Contentons-nous d'énoncer ici une opinion intermédiaire entre les deux extrêmes que nous venons d'exposer.

L'enseignement de la théologie n'est nullement l'enseignement infaillible de l'Eglise. Il n'appartient pas aux docteurs, fussent-ils même unanimes, d'engager et de compromettre sans son consentement cette autorité vénérable : l'enseignement, sujet à l'erreur, n'oblige pas la conscience par lui-même.

Mais il n'est cependant ni prudent ni permis de n'en pas tenir compte et de le rejeter comme une parole tout humaine et sans autorité. Si la théologie n'est pas l'enseignement officiel de l'Eglise, elle est la source de son enseignement courant et habituel, elle est la science dans laquelle les pasteurs puisent leur doctrine, elle est le canal par lequel la tradition vient jusqu'à nous.

Bien que quelquefois l'erreur puisse s'y glisser, on doit supposer que la vérité prédomine ; la présomption est toujours pour l'enseignement théologique. Le supposer généralement erroné serait douter des promesses faites à l'Eglise, avec laquelle Jésus-Christ doit être tous les jours pour la guider dans son enseignement.

Du reste, l'histoire montre que les théologiens du

Moyen Age se sont très rarement trompés ; semblable à l'édifice éprouvé par le feu dont parle saint Paul (1), tout leur système a subi l'attaque violente des hérésies modernes, et très peu de paille s'est trouvée mêlée à beaucoup d'or. L'Église, obligée de se prononcer, a confirmé, dans le Concile de Trente, la plus grande partie de ce qui n'était jusque-là que la doctrine de l'Ecole, et l'histoire de la théologie, refaite avec plus d'intelligence de nos jours, a montré bien souvent la conformité des enseignements de l'Ecole avec les doctrines primitives contenues dans des documents que les scolastiques ignoraient.

Les adversaires des scolastiques peuvent les accuser d'avoir souvent deviné les dogmes plutôt qu'ils ne les ont prouvés, mais aujourd'hui, après que l'Eglise a parlé, nous devons reconnaître qu'ils ont presque toujours deviné juste.

Il en a été tout autrement du mouvement scientifique qui suivit la renaissance. Appuyé sur une érudition étendue et solide, il a le plus souvent abouti à des résultats inexacts. C'est que les écrivains de ce temps se séparaient de la tradition vivante qui guidait leurs devanciers, et n'avaient pas encore acquis ce sens historique du XIXe siècle qui nous permet de faire revivre le passé avec ses tendances, ses pensées et ses luttes. Ils étaient érudits, mais ils ne possédaient que des textes

(1) I Cor., III, 12-15.

morts; ils ne sentaient plus la vie actuelle de l'Eglise et n'avaient pas le talent de deviner sa vie d'autrefois.

De plus, il semble que la multiplicité des documents et des textes écrasait la pensée théologique. Les érudits de profession, seuls compétents, devenaient maîtres de la science et imposaient silence à des esprits mieux disposés que les leurs pour la théologie et surtout plus fermes dans la foi. Aussi peut-on dire sans crainte que l'abondance des faits et des textes mal digérés, a fait courir plus de dangers à la vérité et exigé plus impérieusement l'assistance infaillible de l'Eglise que les spéculations, en apparence plus hardies, des logiciens du Moyen Age.

Quoi qu'il en soit, terminons notre digression et revenons à l'exposé de l'enseignement des scolastiques sur la gratuité du surnaturel.

Ils disent d'une manière philosophique et abstraite, et sans aucun rapport avec le péché originel, qu'il y a deux ordres superposés, l'ordre naturel et l'ordre surnaturel; deux sources de connaissance, la raison et la foi; deux sortes d'amour de Dieu, l'amour naturel et l'amour surnaturel de charité. Ils disent que les dons supérieurs peuvent être perdus, *integra natura*, sans que la nature soit changée.

Ils se posent la question de savoir si Adam, dès l'instant de sa création, a été revêtu de la grâce, ou s'il a d'abord reçu ses dons naturels et ensuite ses dons surnaturels, mais ils n'hésitent jamais sur la distinction des deux espèces de dons, ni sur la gratuité des seconds.

Sur les effets du péché originel, leur enseignement se résume dans la phrase célèbre de Boëce : *Spoliatus gratuitis, vulneratus in naturalibus.*

Ils admettent que dans les anges déchus les facultés naturelles subsistent.

Il serait inutile de citer des textes. C'est l'École entière qui parle sans aucun contradicteur. Qu'on lise un livre quelconque de scolastique sur la grâce, on trouvera la distinction fondamentale des deux ordres comme un principe incontesté.

C'est contre cette doctrine universellement reçue que les hérétiques modernes commencèrent leur violente et persévérante attaque.

D'où provenait cette tendance des nouveaux docteurs à écraser ainsi la nature, à exagérer les conséquences du dogme du péché originel ? Pourquoi le mouvement qui sur tant de points était rationaliste, qui secouait l'autorité de toute Eglise, qui tendait à ne voir dans les sacrements que de pures cérémonies, sans effet surnaturel, fut-il au contraire sur les matières de la grâce une tendance mystique, enthousiaste et fataliste ? Pourquoi ceux qui voulaient affranchir la raison humaine du joug de l'autorité, refusaient-ils à cette même raison le droit de connaître le vrai ? Pourquoi la négation du libre arbitre fut-elle le premier acte de la soi-disant libre-pensée ?

Il serait bien difficile de démêler les causes de cet étrange phénomène.

Faut-il l'attribuer à une réaction de l'âme humaine qui pendant qu'elle secoue le surnaturel d'un côté en sent tellement le besoin qu'elle l'exagère d'un autre? Faut-il y voir une des formes de l'orgueil qui, ne pouvant se faire aussi bon qu'il voudrait, cherche à abaisser la nature humaine entière à son niveau, et se plaît dans une égalité de misère? Rien n'est plus mystérieux que ces grands courants, ces grands vents dogmatiques qui se lèvent à certaines époques et poussent à des affirmations semblables des hommes qui ne s'étaient jamais connus.

Quoi qu'il en soit, la négation de la gratuité du surnaturel dans le premier homme se trouve plus ou moins implicitement dans les œuvres de Wiclef, de Jean Hus et de Luther.

Luther l'expose d'une façon expresse en ces termes.

« La justice originelle était dans Adam un don naturel. Il était aussi naturel à Adam de croire en Dieu et de l'aimer qu'il est naturel à l'œil de voir la lumière. Dès lors, conclut-il, les dons naturels n'ont pas pu subsister après le péché. — *Non mansisse naturalia ut Scholastici delirant.*

Le concile de Trente se contenta de condamner dans Luther et ses partisans les propositions qui avaient trait à l'état actuel de l'homme; il ne jugea pas à propos de se prononcer sur la question plus scolastique de l'état du premier homme.

Mais pendant que le concile délibérait, et choisissait avec une admirable sagesse les points de l'enseignement catholique qu'il importait de fixer, de nouvelles controverses sur la grâce naissaient au cœur même de l'Église, dans l'illustre université de Louvain. Pierre de Soto et Ruard Tapper soulevaient les interminables questions qui agitèrent les siècles suivants. Michel Baïus, jeune docteur célèbre par sa science, embrassa et exagéra les opinions sincères de Soto. Bientôt il ne fut bruit dans l'Eglise que des opinions nouvelles que soutenait le jeune professeur d'Écriture sainte; Baïus venait d'être appelé à cette charge.

Dix-huit propositions extraites de ses œuvres furent censurées par la faculté de théologie de Paris. Néanmoins le Saint-Siège et le concile gardèrent le silence, et Bains fut envoyé au concile de Trente en 1563 comme théologien du roi d'Espagne. Mais à son retour, ayant recommencé à soutenir les mêmes opinions, il s'attira une condamnation solennelle du Pape saint Pie V, par une bulle de 1567 qui fut renouvelée par Grégoire XIII. Baïus, après quelques hésitations, se soumit à la condamnation et accepta la bulle en son entier. Il mérita l'éloge suivant du cardinal légat, envoyé pour recevoir sa soumission : *nemo Michaele Baio doctior, nemo humilior*.

Toute sincère et humble qu'elle fût, cette soumission de Baius parut avoir été exclusivement un acte de foi à l'autorité de l'Eglise. Il paraît n'avoir jamais compris les motifs qui avaient fait agir ses supérieurs. Son bizarre et incohérent système dont plusieurs parties nous paraissent absurdes, qui est également contraire aux Pères de l'Eglise, à la théologie du moyen âge et à celle de nos jours, lui paraissait la fidèle traduction de la doctrine de saint Augustin.

Etrange erreur chez un homme d'autant de science et de capacité théologique que le professeur de Louvain, et grande leçon pour nous de défiance de nous-mêmes et de confiance dans l'Eglise dont le jugement infaillible prévit dès lors ce qui devait devenir évident dans les siècles suivants! Il en sera de même, soyons-en convaincus, des décisions dogmatiques de nos jours qui étonnent et froissent tant d'esprits. Nos petits neveux ne comprendront pas plus les difficultés de nos contemporains à les admettre, que nous ne comprenons les objections faites à la condamnation de Baius.

Il serait trop long, messieurs, d'entrer dans le détail du système très complexe de Baïus.

Indiquons en simplement le principe fondamental, tel qu'il est formulé dans la bulle de saint Pie V.

Humanæ naturæ sublimatio et exaltatio in consortium divinæ naturæ debita fuit integritati primæ conditionis, et proinde naturalis dicenda est et non supernaturalis.

Baïus était donc, pour ce qui regarde l'homme avant la déchéance, pleinement pélagien.

Pour l'homme déchu au contraire, il ne lui reconnaissait ni mérite, ni libre arbitre capable d'aucun bien.

Il n'admettait que deux amours, la charité qui aime Dieu surnaturellement, et la cupidité vicieuse qui n'aime que le monde et le mal. Point de sentiments intermédiaires, point de vertus purement naturelles.

A ces erreurs fondamentales s'en joignaient d'autres plus bizarres, plus inouies encore. Ainsi il admettait que la charité parfaite, principe de mérite, pouvait exister dans l'âme sans que les péchés fussent remis, cette rémission n'étant obtenue que par les sacrements.

Il soutenait que l'homme pèche, même lorsqu'il cède à une invincible nécessité.

La condamnation du système de Baïus était l'affirmation par l'Eglise de la distinction de l'ordre naturel et de l'ordre surnaturel. Il est vrai que les propositions dans lesquelles ce système est formulé étant condamnées *in globo*, sous des qualifications diverses, aucune n'est qualifiée isolément d'hérétique et ne permet de tirer de la bulle un article de foi proprement dit.

Mais la pensée de l'Eglise est très claire ; et les propositions fondamentales, celles qui caractérisent le système et qui s'éloignent le plus de l'opinion communément reçue, sont certainement de graves erreurs signalées comme telles par l'Eglise.

Les hérétiques postérieurs de la même école, Jansénius et Quesnel, traitèrent moins directement la question de l'état du premier homme, mais ils maintinrent nettement une des plus claires conséquences de cette erreur, à savoir l'absence de sentiments intermédiaires entre la charité surnaturelle et la cupidité vicieuse.

Si en effet l'homme privé de la charité surnaturelle

ne peut aimer que le mal, il devient évident que cette charité lui est essentielle et qu'il ne peut en être privé sans tomber dans un état de complète dégradation.

Dès lors, dans l'état d'innocence, on ne saurait lui refuser le droit à cette charité sans laquelle il serait pécheur et criminel. Ainsi nier l'existence d'un amour naturel distinct de la charité, c'est renouveler l'erreur de Baïus.

L'Eglise en condamnant dans Quesnel cette exclusion des sentiments intermédiaires entre la charité et la cupidité, a donc de nouveau confirmé la thèse que nous soutenons.

Enfin une décision plus récente du pape Pie VI, la bulle *Auctorem fidei* rendue en 1794 contre les actes du synode janséniste de Pistoie, est venue affirmer de nouveau formellement que l'opinion qui considère la justice originelle comme quelque chose de dû au premier homme est fausse, erronée, déjà condamnée dans Baïus et Quesnel, et favorise l'erreur semipélagienne.

Ces condamnations très répétées nous montrent clairement la pensée de l'Eglise; et bien qu'elle n'ait pas fait de cette vérité un article de foi, elle a néanmoins la claire intention de l'enseigner aux fidèles et de la leur faire admettre.

Notre thèse est donc prouvée par l'autorité de l'Eglise comme par celle de la théologie, et nous sommes certains qu'Adam devait dire comme Saint Paul : *Gratia Dei sum id quod sum* (1).

(1) I Cor. XV, 10.

SIXIÈME LEÇON

DE L'ESSENCE DU SURNATUREL

Nous avons terminé, Messieurs, dans les deux dernières leçons, la partie de la théorie de l'ordre surnaturel qui est appuyée sur l'autorité formelle de l'Eglise. Nous entrons aujourd'hui dans la discussion des systèmes théologiques.

L'Eglise nous a affirmé que l'ordre surnaturel est gratuit par rapport à la nature humaine toute entière, qu'il est une grâce pour l'homme innocent comme pour l'homme déchu.

Deux questions capitales vont par leur solution compléter cette théorie.

La première est celle-ci :

Le surnaturel est-il absolu ou relatif? Gratuit par rapport à la nature humaine, l'est-il aussi par rapport à toutes les natures réelles ou possibles ; ou bien, ce qui est grâce pour l'homme, pourrait-il être naturel à un être d'un ordre supérieur?

La seconde plus élevée et approchant de plus près du nœud du mystère est celle-ci :

Quelle est la distinction spécifique de la grâce et de la nature? Quel est le caractère intrinsèque des dons surnaturels, en vertu duquel ils sont au-dessus des droits de toute nature quelle qu'elle soit?

Pour résoudre la première question, il importe d'abord de la poser clairement.

Ceux qui soutiennent que le surnaturel est absolu, au-dessus de toute nature quelconque, *super omne creabile* et non pas seulement *super omne creatum*, que veulent-ils dire par ces paroles?

Entendent-ils que la grâce considérée en elle-même, comme une modification de la créature, n'est pas quelque chose de créé? Supposent-ils un intermédiaire réel entre l'Etre Infini et les êtres finis?

Nullement, ce serait une erreur grossière et la négation même de l'idée d'Infini.

Il faut toujours maintenir d'une manière absolue l'abîme entre Dieu et la créature, entre la cause suprême et les effets qu'elle produit, quelque merveilleux que soient ses effets. Dût-on croire, comme certains théologiens, que la grâce sanctifiante n'est autre que la personne même de l'Esprit-saint habitant dans le cœur, encore faudrait-il admettre que les effets surnaturels que cet hôte produit, les lumières qu'il donne à l'intelligence, les affections et les actes qu'il inspire à la volonté, font partie de l'ordre des choses créées.

Les dons surnaturels, considérés dans l'être fini, sont donc toujours quelque chose de créé.

Mais dans l'opinion que nous soutenons, ces dons ne peuvent être essentiels à aucune créature possible. Aucun être n'a droit de les posséder. Ils sont toujours et partout gratuits.

Si le surnaturel n'était que relatif, ce qui est grâce pour un être serait nature pour un être supérieur, de même que la faculté de raisonner qui serait miraculeuse chez l'animal, est naturelle pour l'homme.

Si le surnaturel est absolu, au contraire, il n'est naturel à aucun être créé. Aucun être ne peut être admis à la vision béatifique que par grâce.

L'Eglise, nous l'avons dit, ne s'est pas prononcée sur cette question.

Mais la théologie toute entière s'est prononcée pour l'affirmation, à l'exception d'un seul docteur.

Le théologien Ripalda auteur d'un énorme traité en trois volumes *De Ente supernaturali*, qui résume toute la science de son époque, s'est prononcé en faveur du caractère relatif de l'ordre surnaturel.

Il convient du reste qu'il est seul, et que son opinion est contraire à celle de toute l'École.

Mais il ajoute que l'Eglise ayant laissé libre cette question de pure spéculation, il se croit en droit de soutenir sans témérité le contraire de l'enseignement général. En fait, il n'a jamais été blâmé, mais, malgré sa grande réputation, il n'a entraîné personne dans son opinion.

Nous ne le suivrons pas dans sa longue et subtile argumentation. Elle paraît rouler toute entière sur la possibilité du surnaturel relatif (1).

Mais, comme nous l'avons vu, en fait de surnaturel, la possibilité ne se discute pas *a priori* ; elle suit comme conséquence l'existence du fait révélé.

Laissant donc de côté l'objection de Ripalda, suivons les théologiens, unanimes sur ce point, dans la démonstration de leur thèse.

(1) Voici le sommaire de l'argumentation de Ripalda et la réponse qu'on peut lui faire.

Les dons surnaturels, dit Ripalda, sont dans la créature quelque chose de créé ; donc il n'y a pas contradiction à ce qu'ils soient l'apanage naturel d'un être créé. Donc un tel être est possible.

On répond à cet argument en niant la conséquence.

De ce que des dons sont créés, il s'ensuit bien qu'il peut exister une nature créée qui les possède, mais non pas qu'il existe une nature qui les possède par son droit propre, et à laquelle ils soient essentiels.

C'est là précisément ce qui est en question. L'argument de Ripalda est donc une pétition de principe déguisée.

On peut le prouver en l'appliquant à une autre question.

L'existence finie est quelque chose de créé.

J'en conclus légitimement qu'un être créé peut la posséder.

Mais si j'en concluais qu'un être créé peu la posséder nécessairement, ma conclusion serait erronée.

Dans son argument, Ripalda insinue le mot *naturellement* comme dans le sophisme précité nous avons inséré *nécessairement.*

Du reste, n'oublions pas que la notion du surnaturel n'est connue qu'*a posteriori* et qu'en général les raisonnements *a priori* ne concluent pas.

Pour montrer que le surnaturel est absolu, ils s'appuient d'abord sur la hauteur presque infinie à laquelle la Sainte Ecriture place cet ordre supérieur.

Filiation divine, participation à la nature divine, adoption par Dieu, vision de Dieu par laquelle l'homme est transformé en Dieu, telles sont les admirables définitions de la grâce que l'Ecriture et la tradition nous ont fournies.

Dans toutes ces expressions est contenue l'idée d'une assimilation et d'une union si intime de l'homme avec Dieu, qu'il semble être élevé par là au dessus de l'ordre des choses créées.

Que l'on essaye d'attribuer à une créature, en vertu de sa nature, les titres que l'Ecriture Sainte accorde à l'homme déifié par la grâce, on verra que cette créature n'en est plus une, qu'elle devient égale à Dieu. Dites en effet d'un être qu'il est fils de Dieu par nature et non par grâce, qu'il a droit de participer à la nature divine, qu'il a droit de voir Dieu face à face et de lui devenir semblable en le contemplant, si cet être n'est pas Dieu lui-même, un tel langage n'est-il pas choquant et presque blasphématoire ?

La tradition, d'ailleurs, en interprétant ces paroles mystérieuses, les fortifie au lieu de les atténuer.

Elle traduit le langage de l'Ecriture par les mots : divinisation (θέωσις) unité avec Dieu (ἕνωσις πρὸς θεόν) ; l'homme devient Dieu par grâce θεός κατὰ χάριν.

Enfin la forme générale des raisonnements dont les

Pères se servent pour montrer l'élévation de la grâce au-dessus de la nature innocente et des anges, vient confirmer notre opinion.

Partout en effet ils disent que ces dons surnaturels sont au-dessus des droits de tout être créé. C'est par ce motif qu'ils les élèvent au dessus de la nature angélique.

Saint Cyrille d'Alexandrie exprime cette doctrine dans un magnifique passage.

« La créature produite par Dieu et esclave n'obtient que par le bon plaisir de Dieu l'élévation aux choses surnaturelles.

Creatura effecta et serva solo nutu Dei ad res super naturam elevatur (1) ».

Et saint Athanase dit dans le même sens.

« Ceux qui par leur nature sont créés ne peuvent pas devenir enfants de Dieu, à moins de recevoir l'Esprit de celui qui par nature est Fils de Dieu. »

Vous voyez, Messieurs, que c'est la condition d'être créé qui rend l'homme incapable de s'élever au surnaturel.

Les Pères opposent constamment la condition de la créature esclave par nature, à celle de l'enfant de Dieu.

La créature est par nature esclave (non du démon, car il ne s'agit pas ici de l'homme déchu ; non de l'homme

(1) In Joann. lib. I, 12.

en général et de l'ange), mais de Dieu ; c'est là le rapport primitif qui résulte de la création.

L'œuvre appartient à l'ouvrier, elle est son esclave. Et si cette expression paraît dure, c'est qu'elle rappelle un état injuste et cruel, celui de la possession de l'homme par l'homme. Mais pourquoi cet état est-il injuste, si ce n'est parce que l'homme a voulu s'attribuer ce qui est le propre de Dieu, le droit de propriété, le droit absolu et sans limite sur la créature ? Oui il y a une injustice, on pourrait même dire un sacrilège dans la possession de l'homme par l'homme, mais il n'y a qu'ordre et que justice à ce que l'homme, être créé, se considère comme la possession et la propriété de Dieu, et se tienne devant lui dans la position dépendante et humiliée de l'esclave, dans cette situation dont la plus élevée en grâce et en dignité de toutes les créatures nous donne l'exemple. *Respexit humilitatem ancillæ suæ.*

Mais au-dessus de cette situation servile et dépendante qui est la place naturelle de la créature en face du Créateur, il y a une situation toute différente et infiniment plus élevée, c'est celle de la créature adoptée et devenue enfant de Dieu.

Telle est, messieurs, dans la tradition chrétienne, l'opposition entre la nature et la grâce. C'est l'opposition entre la créature tremblant devant son maître absolu, et l'enfant s'approchant familièrement de son père. Il y a sans doute une troisième situation qui est celle de l'humanité actuelle, c'est celle de l'enfant rebelle, déchu de ses privilèges, redevenu esclave de Dieu, et en même temps devenu esclave du démon. Mais cette situation accidentelle ne doit pas nous empêcher d'apercevoir clairement la pensée primitive et dominante du plan divin, c'est-à-dire l'opposition entre la nature esclave par elle-même, et cette même nature, entrée par l'adoption dans la famille divine, et jouissant d'une participation inénarrable des privilèges de la nature de Dieu.

Nous pouvons donc conclure que le surnaturel est absolu, et que les dons de la grâce sont au-dessus des droits d'une nature quelconque. C'est le dernier résultat de l'examen que nous avons fait du surnaturel considéré par son côté négatif pour ainsi dire, c'est-à-dire dans son rapport avec la nature.

Mais, arrivés si haut, nous ne devons pas nous arrêter. Comme le voyageur qui après s'être élevé sur le sommet qu'il avait aperçu de la plaine, voit au-dessus de lui de nouvelles cimes et se sent poussé à les gravir, nous sommes naturellement poussés à nous poser une nouvelle question.

Pourquoi ces dons divins sont-ils si élevés ? Quelle est donc cette mystérieuse perfection à laquelle aucun être n'a droit, et que tous ne peuvent attendre que d'un don gratuit de la libéralité divine ?

Quelle est l'essence interne, quel est le caractère intrinsèque des dons surnaturels ?

Cette question si ardue a préoccupé depuis longtemps

les théologiens, et Ripalda cite plus de dix à douze opinions différentes sur ce point.

Nous n'exposerons que les deux qui nous semblent les plus probables, et qui d'ailleurs se complètent l'une l'autre sans se contredire.

La première opinion est celle qui a cours dans la scolastique : elle a pour elle la puissante autorité de saint Thomas d'Aquin.

La seconde, confusément indiquée dans beaucoup d'anciens auteurs, a été développée et mise en lumière par le théologien moderne Mastrofini.

Le premier système place la différence spécifique des dons surnaturels dans la vocation à la vision intuitive. Il y a, dit saint Thomas, deux manières de connaître Dieu, la vision intuitive ou directe, et la vision abstractive ou connaissance par les créatures. C'est la distinction, qui résulte du texte de Saint-Paul.

« *Videmus nunc per speculun in ænigmate; tunc autem facie ad faciem* (1). »

La vision intuitive est essentiellement surnaturelle ; une créature, quelque haut qu'elle soit placée dans l'échelle des êtres raisonnables, n'a jamais droit qu'à la vision abstractive. Cette vision est la fin naturelle des êtres doués de raison.

Cette théorie si simple a une grande profondeur philosophique. Pourquoi la vision intuitive est-elle au-dessus

(1) I Cor. XIII, 12.

des droits et des capacités de la créature ? C'est à cause de la distance infinie, de l'abîme qui existe entre Dieu et la créature. C'est cet abîme qui épouvante la raison et que le panthéisme essaye en vain de combler.

On conçoit dès lors que la communication entre les deux termes si éloignés puisse se faire de deux manières. Ou bien Dieu s'abaisse et se rétrécit pour ainsi dire pour se mettre à la portée de la créature, ou bien celle-ci est élevée et élargie de manière à pouvoir atteindre l'essence divine.

Dans la vision abstractive, terme de l'ordre naturel, Dieu est abaissé, diminué, caché pour ainsi dire dans la créature ; c'est là que l'être fini l'entrevoit et le devine, à distance et comme dans un miroir. Toute tentative de s'élever plus haut par ses propres forces serait chimérique.

Dans la vision intuitive, Dieu se montre tel qu'il est, mais il faut pour le voir que la créature soit élevée au-dessus d'elle-même, qu'elle reçoive un secours spécial, une lumière particulière qui lui permette de contempler sans mourir l'Être suprême.

Le double rapport entre Dieu et la créature raisonnable étant toujours possible, on conçoit que toute créature raisonnable puisse être appelée à deux fins, l'une naturelle, l'autre toujours surnaturelle et gratuite qui est la vision intuitive.

Cette théorie admirable, vraie dans son ensemble, est cependant incomplète. Elle n'explique pas suffisamment l'existence de l'ordre surnaturel pendant la vie présente. Elle caractérise nettement les fins des deux ordres, elle ne montre pas comment les moyens diffèrent, elle ne permet pas de séparer sur la terre les actes surnaturels de ceux qui appartiennent à la nature.

Et cependant, comme nous l'avons dit, l'état surnaturel existe dès ici-bas dans sa substance. Il est à l'état insensible et inconscient, mais il est réel et complet. Il faudrait donc trouver un caractère qui convienne non seulement au terme, mais à tous les actes de la vie surnaturelle.

C'est ce caractère que nous fournit le second système, celui qui porte le nom de Mastrofini. Partant de l'idée que la vision intuitive de Dieu est en réalité la vision de la Sainte Trinité, il place le caractère distinctif de l'ordre surnaturel dans la connaissance des trois personnes divines. Par sa nature, l'être créé ne connaît que l'unité de Dieu ; c'est par grâce que le secret mystérieux de la Trinité lui est révélé. Cette révélation de la Sainte Trinité et ses conséquences, c'est-à-dire des relations spéciales d'amitié avec les trois personnes divines, voilà, suivant les défenseurs du second système, la vie surnaturelle.

Bien des preuves d'Ecriture-Sainte pourraient être apportées en faveur de cette opinion. On peut remarquer en effet que partout où l'état surnaturel est désigné par un des termes que nous avons indiqués : *adoption, sanctification, habitation de Dieu dans l'âme,* les personnes de la Sainte Trinité sont nommées en même temps.

C'est le Père et le Fils qui habitent en nous ; c'est le Saint-Esprit qui nous sanctifie. C'est le Père qui nous adopte et le Fils qui nous fait ses frères et ses cohéritiers.

Un autre argument non moins puissant se tire de la forme du sacrement de baptême.

Le baptême est l'initiation à la vie surnaturelle ; aussi doit-il être donné avec l'invocation distincte des trois personnes, cette vie consistant précisément dans les relations de l'homme avec la Sainte Trinité.

Le second système, comme vous le voyez, complète le premier sans le contredire. La vision intuitive n'est autre chose que la vision de Dieu tel qu'il est, c'est-à-dire de la Sainte Trinité.

Mais le second système distingue mieux les actes préparatoires.

Tout ce qui, dans la vie humaine, se rapporte aux personnes divines distinguées l'une de l'autre, tout ce qui suppose la connaissance de la Sainte Trinité et en procède, tout cela forme la vie surnaturelle. Le passage d'un ordre à l'autre a lieu dès que la distinction des trois personnes apparaît.

Nous voici, Messieurs, arrivés au point à peu près le plus élevé de la connaissance humaine en ce qui touche le surnaturel. Essayons maintenant de jeter un regard d'ensemble sur le résultat obtenu et de former, avec les éléments que nous possédons, l'idée la plus complète que nous le pourrons de ce don sublime de la grâce.

La révélation nous enseigne qu'il y a en Dieu une vie intime complètement indépendante du monde, en dehors du temps et de l'espace. Cette vie, infiniment active dans son immutabilité même, consiste dans les relations mutuelles des trois Personnes divines. Le Père engendre le Fils. Le Père et le Fils produisent un acte d'amour dont l'Esprit-Saint est le terme. Habitant l'une dans l'autre, se connaissant et s'aimant mutuellement, les trois personnes divines ont formé de toute éternité la plus sublime des familles, la plus sublime des sociétés, animée par la plus sublime des vies.

Au-dessous de cette vie divine, au-dessous, à une distance infinie, se trouve le monde inférieur des créatures. Ce monde est en rapport avec Dieu, mais avec Dieu dans l'unité de son essence, et nullement avec les personnes divines.

En effet, la théologie enseigne que les actes extérieurs de Dieu sont communs aux trois personnes. Cette vérité d'ailleurs est aisée à démontrer. C'est improprement en effet que nous parlons d'une action de Dieu en dehors de lui. Toute l'action extérieure de Dieu se réduit à sa volonté. Il veut et la créature obéit : *Dixit et facta sunt.* L'exécution ne diffère pas de la volonté elle-même.

Or, tout ce que veut une personne divine, les autres le veulent également. Leurs volontés sont unies, ou plutôt ce n'est qu'une seule et même volonté.

Aucune œuvre extérieure de Dieu n'a donc pour cause l'une des personnes à l'exclusion des œuvres. Toutes trois opèrent toujours ensemble.

De ce principe résulte une importante conséquence. Dieu n'étant pas vu directement des êtres finis, mais connu seulement par ses œuvres, comme ces œuvres ont pour cause la Sainte Trinité agissant par une opération unique commune aux trois personnes, il s'ensuit que la connaissance de la créature peut bien s'élever jusqu'à l'unité de Dieu, mais ne saurait atteindre la trinité des Personnes divines. Une cause unique, suprême, créatrice, sage, juste et bonne, voilà tout ce que l'être intelligent peut découvrir par l'observation du monde et par la réflexion sur lui-même,

Quant à la vie intime de Dieu, elle reste pour lui un secret impénétrable, à moins qu'il ne lui soit communiqué par la révélation.

Cette vérité, conséquence logique de l'unité de la nature divine, est d'ailleurs confirmée directement par l'Ecriture Sainte.

« *Nemo novit Filium nisi Pater, neque Patrem quis novit nisi Filius et cui voluerit Filius revelare* (1). »

« Personne ne connaît le Fils que le Père, et personne ne connaît le Père que le Fils et celui à qui le Fils a voulu le révéler. »

Ces principes posés, voici comment il me semble

(1) Matth. xi, 27.

qu'on peut se figurer, par une bien imparfaite image, les deux ordres naturel et surnaturel, que nous venons d'étudier.

Représentez-vous un sanctuaire absolument fermé au dedans duquel se passent des choses merveilleuses ; et au dehors une foule immense d'êtres prosternés en adoration, mais ne sachant pas ce qui se passe à l'intérieur. Tel était le Saint des saints du temple juif, tels les temples fermés des païens sous les portiques desquels s'offraient les sacrifices.

Ce sanctuaire pour nous ce sera la divinité, ce seront les trois personnes divines, avec leur vie propre, leurs relations, leur société ineffable.

Les adorateurs prosternés en dehors au sanctuaire, ce sont tous les êtres du monde, depuis les plus élevés des séraphins jusqu'aux derniers parmi les êtres raisonnables, et plus bas encore, puisque les êtres inférieurs tendent aussi vers Dieu en servant d'instruments aux êtres raisonnables, seuls capables de le connaître.

Le temple fermé et cette foule d'adorateurs, c'est donc l'ordre naturel.

Il arriverait à sa perfection si rien ne dérangeait l'harmonie du cantique que la nature chante à son Créateur, si toutes les intelligences étaient dans la vérité, tous les cœurs dans l'amour de l'Etre suprême, toutes les volontés soumises à sa loi. Là se trouverait l'ordre et avec l'ordre la félicité. La pensée de s'élever plus haut, de pénétrer dans le sein même de Dieu, ne pourrait pas naître dans le cœur des êtres finis, ou si elle y naissait, elle ne serait qu'un désir chimérique, absolument irréalisable, et qui deviendrait un orgueil coupable si la volonté s'y attachait et voulait sortir des bornes de la nature.

Mais supposons que par une libre volonté de l'habitant de ce sublime sanctuaire, ses portes s'entr'ouvent et laissent pénétrer les regards à l'intérieur. Supposons que des êtres privilégiés soient appelés par grâce à y entrer eux-mêmes, à connaître le secret divin, à commercer familièrement avec les personnes divines, à être en société avec le Père et son Fils Jésus-Christ, et avec le Saint-Esprit ; alors vous verrez paraître devant vos yeux les splendeurs de l'ordre surnaturel. Alors vous comprendrez que ces êtres privilégiés soient appelés les enfants de Dieu, qu'initiés aux secrets de leur Père, ils ne méritent plus le nom de serviteurs, mais celui d'amis, que cet état bienheureux puisse être appelé une véritable participation à la nature divine. Vous comprendrez alors que saint Jean promette aux fidèles dès ici-bas cette vie éternelle qui était dès le commencement avec le Père et qui consiste à connaître le seul vrai Dieu et Jésus-Christ qu'il a envoyé. Vous comprendrez que connaissant et aimant Dieu d'une manière intime, s'associant à ces deux actes infinis et féconds de connaissance et d'amour qui produisent les personnes divines, l'être ainsi élevé au-dessus de lui-même ait pu être appelé par les Pères un être uni à Dieu, devenu Dieu par la grâce.

N'est-il pas passé en effet à l'intérieur du sanctuaire,

n'est-il pas sorti du monde inférieur et profane des choses créées pour entrer dans la demeure de son père, dans le monde supérieur de la vie divine ?

Enfin, Messieurs, ne bornons pas notre regard à un seul être appelé à ce privilège. Considérons tous les êtres raisonnables du monde, anges et hommes, appelés tous ensemble à cette vie supérieure ; considérons le Verbe de Dieu, celui dont il est dit qu'il est la voie, la vérité et la vie, venant au-devant de ces êtres en se revêtant de la nature humaine, et leur ouvrant lui-même l'entrée dans le sein de Dieu ; voyons les êtres inférieurs, incapables de voir Dieu parce qu'ils n'ont pas la raison, condition nécessaire de la grâce, associés néanmoins, autant que leur nature le comporte, à l'œuvre divine, les éléments devenus signes et moyens de la grâce dans les sacrements, la chair devenue le vêtement du Verbe de Dieu et participant à l'adoration qui lui est due ; alors nous nous ferons une faible et lointaine idée des splendeurs de l'ordre surnaturel considéré dans son ensemble, de cette Jérusalem céleste qui touche, il est vrai, à la terre parce qu'elle se compose d'êtres créés, mais qui néanmoins plonge tout entière dans les abîmes de la nature incréée.

Messieurs, ces idées sont grandes et belles. Comme elles laissent loin derrière elles les vains systèmes des philosophes, et les vagues rêveries des religions de l'Orient ! Comme ces idées sont plus originales, plus nettes, plus lumineuses ! Avec quel noble orgueil saint

Jean, exposant la doctrine chrétienne au milieu des grossiers systèmes du gnosticisme et du dualisme oriental, s'écriait : — « *Hæc est annuntiatio quam annuntiamus vobis, quoniam Deus lux est, et in eo tenebræ non sunt ullæ* (1). La bonne nouvelle que nous vous annonçons, c'est que Dieu est lumière, et qu'en lui il n'y a pas de ténèbres. » Remarquez en effet, Messieurs, que dans ce grand plan du monde, les ténèbres, c'est-à-dire le mal et le désastre, ne sont pas nécessaires. Ils se retrouveront, il est vrai, sur notre route ; ils nous seront signalés avec toute leur gravité et leurs épouvantables conséquences. Mais ils ne sont pour rien dans le plan primitif du monde ni dans sa cause. La transition chrétienne du fini à l'infini n'est point, comme dans les systèmes gnostiques, une chute, une dégénérescence de l'Infini ; elle n'est point non plus, comme dans le panthéisme moderne, une production absurde de l'Infini par le fini, un Dieu en voie de se faire, *in fieri*, comme dit M. Renan. C'est une union libre entre ces deux termes, une élévation de la créature qui se rapproche du Créateur et s'unit avec lui, sans qu'elle perde son essence ni sa personnalité.

Nous voici à la fin du travail que nous avions entrepris. Nous pouvons des leçons précédentes déduire la définition de l'ordre surnaturel, définition que les considérations précédentes ont éclaircie et démontrée. Voici en quels termes on peut la résumer.

(1) I Ep. Joan., I, 5.

Le surnaturel est une élévation gratuite de la créature au-dessus de sa nature propre, en vertu de laquelle elle participe à la vie intime de Dieu, entre dans la société des trois personnes de la Sainte Trinité, et est appelée à jouir de la vision intuitive et à recevoir une communication du bonheur dont Dieu jouit en lui-même.

Vous remarquerez, Messieurs, que ce n'est point le système d'un homme, ni la philosophie d'une époque, que nous vous avons exposés, c'est une doctrine universelle et permanente qui, pour n'avoir pas été dès l'origine scientifiquement exposée, n'en a pas moins été oujours la pensée même de l'Eglise, pensée nette et arrêtée contre les contours et les bords de laquelle, si j'ose ainsi parler, sont venus se briser les hérétiques de tous les siècles, Pélage et Julien d'Eclane, comme Baïus et Quesnel.

Quand le navigateur, à l'approche de la côte, interroge l'horizon, ce qui frappe d'abord son œil et ce qui remplit le champ de sa lunette, ce sont les contours vagues et mobiles des nuages, mais bientôt il voit se dessiner une ligne précise, nette et invariable. Elle n'est souvent ni plus brillante ni plus sombre que celles qui l'environnent; il faut souvent un œil exercé pour la reconnaître. Et cependant, quand on l'a bien vue, on n'hésite pas, ce n'est plus l'inutile et inoffensif nuage, c'est la terre, la terre où est le port, mais où sont aussi les écueils.

Le philosophe chrétien éprouve une impression semblable quand, après avoir examiné les vagues et confus systèmes des philosophies et des religions des divers pays et des diversses époques du monde, il se met en présence du dogme catholique. A ces traits nets et arrêtés, à ces points fixes qui se retrouvent dans tous les âges, on reconnaît, au milieu même des obscurités, des difficultés et des contradictions apparentes, quelque chose de réel, d'objectif, quelque chose que l'homme n'a point créé et qu'il ne peut modifier à sa fantaisie. C'est ainsi que l'existence même de la science sacrée qui est un privilège de la doctrine catholique, est une preuve de la vérité. On ne fait pas une science avec des inventions arbitraires, on ne transforme pas en un corps de doctrine, accepté par les plus grands génies de l'humanité pendant des siècles, des spéculations individuelles et des idées purement humaines. C'est par là que la science sacrée vient en aide à l'apologétique. Aussi nous devons désirer, dans l'intérêt de la société, que les catholiques, qui seuls dans le monde peuvent posséder cette noble science, profitent de ce grand avantage que Dieu met à leur disposition, et que, sur ce point comme sur tant d'autres, les enfants de lumière ne se laissent pas vaincre en prudence par les enfants du siècle et ne négligent pas les trésors de vérité qui sont à leur portée (1).

(1) M de Broglie a inséré ces dernières pages dans la préface *Conférences sur la vie surnaturelle* (Carême de 1878).

TABLE DES MATIÈRES

FIN DE LA TABLE

Imprimerie Bussière. — Saint-Amand (Cher).

www.ingramcontent.com/pod-product-compliance
Lightning Source LLC
LaVergne TN
LVHW010037230826
846091LV00005B/1746

9782012851009